デイサービス、
介護現場で すぐ使える!

井上明美

編著

自由現代社

デイサービス、介護現場ですぐ使える！
脳トレ　制作　リズム体操

目次 ……………………… 2	誌面構成について ……………………… 5
本書の特長 ……………………… 4	

✏️ 脳トレ

軽度の認知症の方でも取り組んでいただける問題レベルに設定し、脳活性化のための思考力、集中力、注意力、理解力、判断力などを必要とするバリエーション豊かな問題を出題しています。

1. 間違い探し① ……………………… 6	19. 迷路③ ……………………… 24
2. 間違い探し② ……………………… 7	20. ことわざを作ろう ……………………… 25
3. 間違い探し③ ……………………… 8	21. 何と読む？ ……………………… 26
4. 2つあるものは？ ……………………… 9	22. 形はいくつ？ ……………………… 27
5. 食べられるものはどれ？ ……………………… 10	23. 大人の塗り絵① ……………………… 28
6. 生き物はどれ？ ……………………… 11	24. 大人の塗り絵② ……………………… 29
7. 計算記号は何？ ……………………… 12	25. 大人の塗り絵③ ……………………… 30
8. 同じ文字あてはめクイズ ……………………… 13	26. 卵から生まれるものは？ ……………………… 31
9. クロスワード言葉探し① ……………………… 14	27. 線つなぎ① ……………………… 32
10. クロスワード言葉探し② ……………………… 15	28. 線つなぎ② ……………………… 33
11. マスの足し算 ……………………… 16	29. 仲間はずれはどれ？① ……………………… 34
12. マスの引き算 ……………………… 17	30. 仲間はずれはどれ？② ……………………… 35
13. 同じものはどれ？① ……………………… 18	31. 足し算で浮き出る塗り絵 ……………………… 36
14. 同じものはどれ？② ……………………… 19	32. 引き算で浮き出る塗り絵 ……………………… 37
15. 合計いくら？ ……………………… 20	33. 残るのはどれ？① ……………………… 38
16. 何時何分になる？ ……………………… 21	34. 残るのはどれ？② ……………………… 39
17. 迷路① ……………………… 22	35. 魚へんの漢字 ……………………… 40
18. 迷路② ……………………… 23	36. 半濁音のつくものは？ ……………………… 41

✂ 制作

ティッシュボックスや牛乳パック、新聞紙などの廃材や、折り紙など、身近な素材を利用して、高齢者の方でも簡単に作れるものを厳選して紹介しています。

1. ティッシュボックスの小物入れ………… 42
2. 新聞紙で作るコサージュ ………… 44
3. 千代紙の箸袋2種………… 46
4. 千代紙の箸置き2種 ………… 48
5. 牛乳パックのリモコンラック ………… 50
6. トイレットペーパーの芯の鯉のぼり … 52
7. ティッシュボックスのレターラック…… 54
8. あさがおの壁かけ………… 56
9. 折り紙でカラフルこま………… 58
10. ペットボトルで風鈴 ………… 60
11. 針を使わずポケットティッシュ入れ … 62
12. おしゃれなペン立て ………… 64
13. 牛乳パックの小物入れ ………… 66
14. トイレットペーパーの芯の鍋敷き … 68
15. オリジナルクリスマスカード ………… 70
16. 折り紙でつるし飾り………… 72

♪ リズム体操

高齢者の方がよく知っている歌を取り上げ、歌やリズムに合わせて、楽しみながら上半身や腕、首、背中、脚、足首などをストレッチできる内容になっています。

1. かもめの水兵さん ………… 74
2. サッちゃん ………… 76
3. いい湯だな ………… 78
4. 茶摘み ………… 80
5. 桃太郎 ………… 82
6. 鯉のぼり ………… 84
7. かわいい魚屋さん ………… 86
8. 兎と亀 ………… 88
9. われは海の子 ………… 90
10. ドンパン節 ………… 92
11. めだかの学校………… 94
12. 故郷 ………… 96
13. ああ人生に涙あり ………… 98
14. 通りゃんせ ………… 100
15. とんぼのめがね ………… 102
16. 汽車ポッポ ………… 104
17. 夏の思い出………… 106

【脳トレ】解答 ………… 108

本書の特長

　デイサービスなどの高齢者施設では、様々な活動が行われていますが、スタッフの方々にとっては、日々の活動計画を考えるのは大変なことですね。
　本書では、介護現場で多く行われている「脳トレ」「制作」「リズム体操」の3つのカテゴリーをギュッと一冊にまとめ、すぐにお役立ていただける内容をふんだんにご紹介しています。

　「脳トレ」では、軽度の認知症の方でも取り組んでいただける問題レベルに設定し、脳活性化のための思考力、集中力、注意力、理解力、判断力などを必要とするバリエーション豊かな問題を出題しています。また取り組み後に絵が浮き出てくる「浮き出る塗り絵」や「線つなぎ」、作品として完成できる「大人の塗り絵」なども取り上げ、利用者が達成感を得られるような内容も豊富に盛り込んでいます。問題の解答は、108ページ以降にまとめて掲載しています。
　なお「脳トレ」は、1ページずつ、実施日と氏名を書けるようになっていますので、コピーしてご使用ください。実施後は回収し、1ヵ月経ったところで、利用者ごとにファイルにまとめてお渡ししてあげると、利用者の頑張りが見られ、ご家族の方にも、きっと喜ばれるでしょう。

　「制作」では、ティッシュボックスや牛乳パック、新聞紙などの廃材や、折り紙など、身近な素材を利用して、高齢者の方でも簡単に作れるものを厳選して紹介しています。小物入れやコサージュ、リモコンラック、ポケットティッシュ入れ、鍋敷き他、作った後に使えるものや、壁かけ、風鈴など、飾って楽しめるものなど、利用者の方が作品を完成させる達成感を味わえるとともに、完成させた後も、いろいろな場面で重宝したり、ご家族の方にも喜ばれるようなものをバリエーション豊富に取り上げています。

　「リズム体操」では、高齢者の方がよく知っている歌を取り上げ、歌やリズムに合わせて、楽しみながら上半身や腕、首、背中、脚、足首などをストレッチできる内容になっています。なお、利用者によっては、手足が思うように動かない方もいらっしゃいますので、無理をせず、ご本人のペースで行うようにしましょう。

　介護現場の利用者の方々が日々楽しく、健康で生き生きと過ごせるように、そして笑いの絶えない場所となるよう、本書をお役立ていただければ幸いです。

誌面構成について

◆「制作」ページ

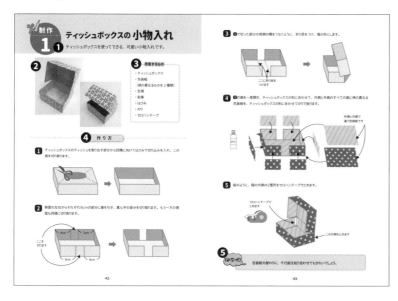

❶ 作品の内容を説明しています。
❷ 作品の完成写真を掲載しています。制作の際の参考になさってください。
❸ 事前に用意するものを説明しています。
❹ 作り方を、イラストつきでわかりやすく説明しています。
❺ 作り方のコツや、基本的な作り方に加え、少しアレンジしたものなどを紹介しています。

◆「リズム体操」ページ

❶ リズム体操の概要やポイントを説明しています。
❷ すべてのリズム体操について、楽譜を掲載し、伴奏をつけています。伴奏は、簡単で弾きやすく、なおかつ楽曲のよさを引き立てたアレンジになっています。なお歌のテンポは、参加者に無理のないように、ゆったりとしたテンポで行いましょう。
❸ リズム体操のやり方を、イラストつきでわかりやすく説明しています。
❹ 基本的なリズム体操に加え、少しアレンジしたものや、スムーズに行うためのコツなどを紹介しています。

間違い探し①

2つの絵の間違いを探しましょう。

2つの絵には、違うところが全部で **5つ** あります。
見つけたら、下の絵の違うところを〇で囲みましょう。

実施日　　　年　　　月　　　日　　氏名

間違い探し②

2つの絵の間違いを探しましょう。

2つの絵には、違うところが全部で **6つ** あります。
見つけたら、下の絵の違うところを〇で囲みましょう。

実施日　　　年　　　月　　　日　　氏名

間違い探し③

2つの絵の間違いを探しましょう。

2つの絵には、違うところが全部で **7つ** あります。
見つけたら、下の絵の違うところを〇で囲みましょう。

実施日　　　　年　　　月　　　日　　　氏名

2つあるものは?

2つある数字や文字を探しましょう。

問① 1〜30のうち、2つある数字は何でしょう?

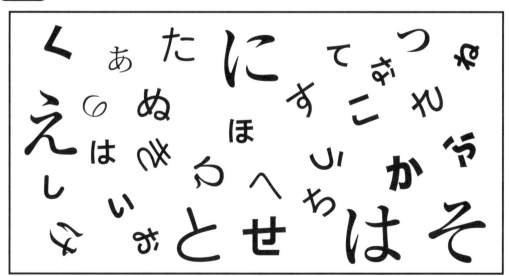

答え：

問② 50音順で「あ〜ほ」のうち、2つある文字は何でしょう?

答え：

実施日　　　年　　　月　　　日　　氏名

食べられるものはどれ？

食べられるものに○をつけましょう。

れんこん	さら	わたがし
しらす	ようがん	ちゃわん
きゃべつ	たいや	つみき
つみれ	しっぽうやき	うどん
しらが	れんげ	かんてん
わりばし	わた	いとこんにゃく
さらだ	ようかん	まないた
たいやき	いと	おくら
ふとん	さしみ	きんぴら
いか	しみぬき	まくら

実施日　　　年　　月　　日　　氏名

脳トレ 6 生き物はどれ？

生き物に○をつけましょう。

キツネ	ボウシ	ヒコウキ
ガラス	パンダ	タヌキソバ
ペンギン	マキジャク	ウシ
カメラ	ザラメ	タヌキ
トビウオ	ペンキ	サイ
カメ	トビバコ	クジャク
カラス	オオワシ	サイバシ
ネコ	ゾウリ	ヒョウ
ネコゼ	オコゼ	ゾウ
サメ	ヒョウガ	パンツ

実施日　　年　　月　　日　　氏名

計算記号は何？

それぞれの□に、＋、－、×、÷のいずれかを入れましょう。

計算が成り立つように、それぞれの□に、＋、－、×、÷のいずれかの計算式を入れましょう。

例 3 × 5 = 15

問① 2 □ 4 = 6

問② 7 □ 4 = 3

問③ 12 □ 2 = 6

問④ 6 □ 5 = 30

問⑤ 10 □ 3 = 7

問⑥ 20 □ 4 = 5

問⑦ 8 □ 6 = 14

問⑧ 3 □ 9 = 27

問⑨ 4 □ 8 □ 6 = 18

問⑩ 10 □ 2 □ 3 = 5

問⑪ 9 □ 5 □ 4 = 10

問⑫ 12 □ 3 □ 16 = 31

問⑬ 36 □ 13 □ 9 = 14

問⑭ 15 □ 5 □ 3 = 6

問⑮ 7 □ 6 □ 20 = 22

問⑯ 20 □ 5 □ 4 = 16

実施日　　　年　　　月　　　日　　氏名

脳トレ 8 同じ文字あてはめクイズ

それぞれの○に同じ文字を入れて、言葉を作りましょう。

例を参考に、○に入る同じ文字を考えましょう。

例 まんと○ひ○

問① ○んぶん○
<ヒント：毎日読む人が多い情報誌の紙>

問② す○や○
<ヒント：卵につけて食べる鍋料理>

問③ ○○まい
<ヒント：正月などに舞い踊る伝統芸能>

問④ ○○し
<ヒント：田んぼに立っている人形>

問⑤ ば○○
<ヒント：黄色く細長いくだもの>

問⑥ ○○のは
<ヒント：七夕に短冊などを飾る>

問⑦ れ○こ○
<ヒント：穴の開いた野菜>

問⑧ と○きょ○
<ヒント：日本の首都>

問⑨ ペ○ぎ○
<ヒント：南極などに生息する生き物>

問⑩ か○ら○しゃ
<ヒント：遊園地にある丸く高い乗り物>

問⑪ か○す○よく
<ヒント：夏のレジャーのひとつ>

問⑫ し○か○せ○
<ヒント：高速で走る鉄道>

実施日　　年　　月　　日　　氏名

脳トレ 9 クロスワード言葉探し①

例以外の花の名前を **8つ** 探しましょう。

見つけて、◯で囲みましょう。縦か横に読みます。

あ	さ	が	お	ら	し	た	よ
と	こ	す	も	す	ら	か	お
め	い	さ	ば	じ	た	ー	ふ
こ	し	く	ら	め	ん	ね	す
て	だ	ら	ひ	こ	ぽ	ー	う
か	る	あ	ま	さ	ぽ	し	え
と	ち	ら	わ	く	と	ょ	み
ち	ゅ	ー	り	っ	ぷ	ん	こ

（例：あさがお）

クロスワード言葉探し②

例以外の電化製品の名前を **9つ** 探しましょう。

見つけて、◯で囲みましょう。縦か横に読みます。

例: エアコン

エ	サ	ド	ラ	イ	ヤ	ー	ヤ
ア	ア	カ	テ	セ	ト	マ	コ
コ	ス	イ	ハ	ン	キ	セ	セ
ン	テ	イ	マ	タ	ト	ン	レ
テ	レ	ビ	シ	ク	ナ	プ	イ
サ	オ	ク	ヒ	キ	ウ	ウ	ゾ
ス	チ	チ	ソ	ウ	ジ	キ	ウ
メ	ア	イ	ロ	ン	ケ	ラ	コ

実施日　　　年　　　月　　　日　　氏名

マスの足し算

縦と横の数字をそれぞれ足して、答えを書きましょう。

縦と横の交わったマス目に、縦と横の数字を足した数を書きます。

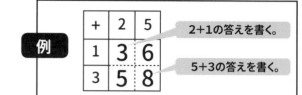

+	4	9	1	6	3	8	2	7	5
3									
1									
8									
5									
9									
7									
2									
4									
6									

実施日　　　年　　月　　日　　氏名

マスの引き算

縦の数字から横の数字をそれぞれ引いて、答えを書きましょう。

縦と横の交わったマス目に、縦の数字から横の数字を引いた数を書きます。

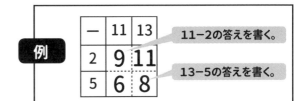

−	12	15	18	11	17	10	16	14	13
2									
4									
7									
5									
9									
1									
3									
6									
8									

実施日　　　　年　　　月　　　日　　氏名

同じものはどれ？①

見本と同じものをひとつ見つけて、○で囲みましょう。

問①

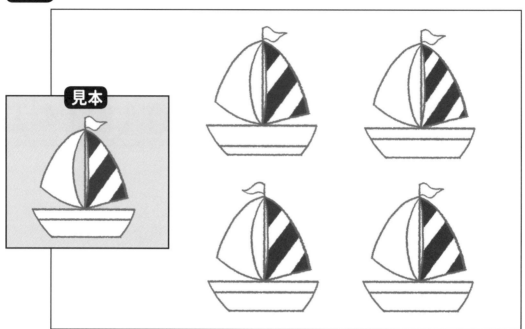

問②

実施日　　　年　　　月　　　日　　氏名

同じものはどれ？②

見本と同じものをひとつ見つけて、○で囲みましょう。

問①

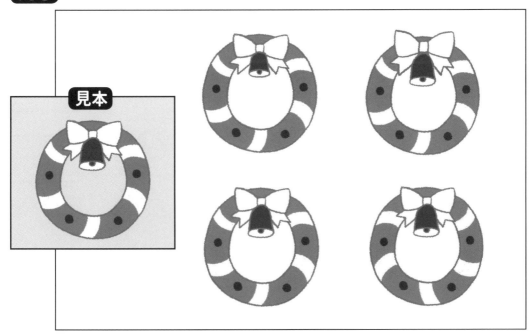

問②

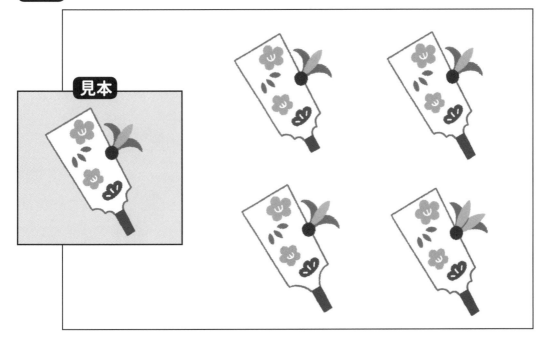

実施日　　　年　　　月　　　日　　　氏名

合計いくら？

合計いくらになるか、計算しましょう。

問① 100 + 100 + 50 + 10 + 10 = ＿＿ 円

問② 100 + 50 + 50 + 50 + 5 = ＿＿ 円

問③ 500 + 100 + 100 + 5 + 1+1 = ＿＿ 円

問④ 500 + 50 + 10 + 5 + 1+1+1 = ＿＿ 円

問⑤ 100 + 100 − 50 − 10 − 1 = ＿＿ 円

問⑥ 500 − 100 − 50 + 10 + 1+1 = ＿＿ 円

問⑦ 500 − 100 + 50 + 5 + 1+1 = ＿＿ 円

問⑧ 1000 + 100 + 10+10 − 5 = ＿＿ 円

問⑨ 1000 − 500 − 100 − 10+10 = ＿＿ 円

問⑩ 1000 + 100 − 10+10 − 1+1+1 = ＿＿ 円

実施日　　年　　月　　日　　氏名

何時何分になる?

時計の時間から、それぞれ指定された時刻を答えましょう。

問①
10分後は？

時 　　　 分

問②
15分後は？

時 　　　 分

問③
25分後は？

時 　　　 分

問④
20分前は？

時 　　　 分

問⑤
35分前は？

時 　　　 分

問⑥
42分前は？

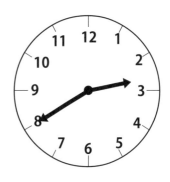

時 　　　 分

実施日　　　年　　　月　　　日　　氏名

迷路①

スタートからゴールまで迷路を進みましょう。

行き止まりにぶつかったら、スタートからやり直します。

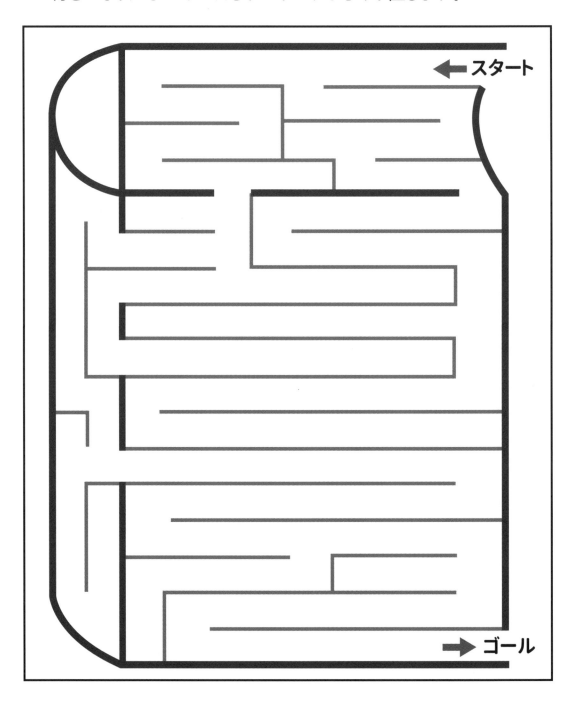

迷路②
スタートからゴールまで迷路を進みましょう。

行き止まりにぶつかったら、スタートからやり直します。

実施日　　　年　　　月　　　日　　　氏名

迷路③

スタートからゴールまで迷路を進みましょう。

行き止まりにぶつかったら、スタートからやり直します。

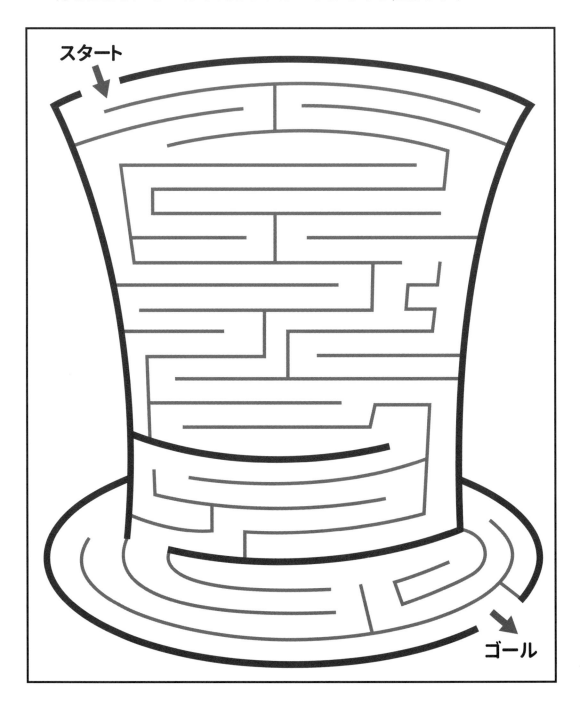

実施日　　　年　　　月　　　日　　　氏名

脳トレ 20 ことわざを作ろう

□に入る文字を□から選び、ことわざを完成させましょう。

難しい場合は、辞書を引きましょう。

問① ☐ の耳に念仏

問② 暖簾に ☐ 押し

問③ 焼け ☐ に水

問④ 覆水 ☐ に返らず

問⑤ 石の上にも ☐ 年

問⑥ 海老で ☐ を釣る

問⑦ 蒔かぬ ☐ は生えぬ

問⑧ 後悔 ☐ に立たず

問⑨ ☐ は熱いうちに打て

問⑩ へそで ☐ を沸かす

問⑪ 目から ☐ が落ちる

問⑫ 枯れ木も ☐ の賑わい

鯖　茶　先　水　五　後　種　鱗
稲　馬　鯛　牛　石　手　湯
涙　腕　森　右　鉄　銅　盆　三　山

何と読む?

何かの言葉の"当て字"です。何と読むか答えましょう。

答えはひらがなで書きましょう。

問① 阿差李
→

問② 九蛇区
→

問③ 伸故級
→

問④ 粋民具
→

問⑤ 党諸子詩
→

問⑥ 展記代邦
→

問⑦ 禁芽陀瑠
→

問⑧ 御地素鵜
→

問⑨ 高乃戸離
→

問⑩ 啓田位殿和
→

問⑪ 呉従野戸卯
→

問⑫ 出以沙亜美須
→

実施日　　年　　月　　日　　氏名

形はいくつ？

形はいくつあるか、数えましょう。

問① ☆の形はいくつあるか、数えてみましょう。　　　　個

問② ⬡の形はいくつあるか、数えてみましょう。　　　　個

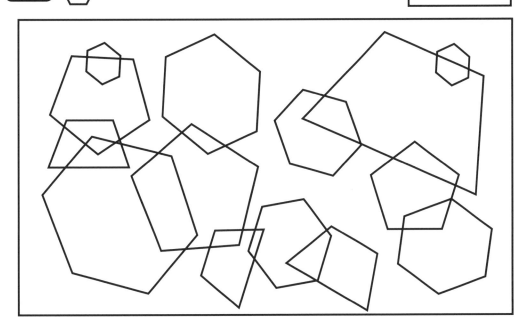

実施日　　　年　　月　　日　　氏名

脳トレ 23 大人の塗り絵①

好きな色で自由に塗って、絵を完成させましょう。

ゆっくり丁寧に塗りましょう。

実施日　　　年　　月　　日　　氏名

大人の塗り絵②

好きな色で自由に塗って、絵を完成させましょう。

ゆっくり丁寧に塗りましょう。

実施日　　　年　　　月　　　日　　氏名

大人の塗り絵③

好きな色で自由に塗って、絵を完成させましょう。

ゆっくり丁寧に塗りましょう。

実施日　　　年　　　月　　　日　　氏名

卵から生まれるものは？

卵から生まれるものを選んで、○で囲みましょう。

線つなぎ①

数字を順番に線でつないで、絵を完成させましょう。

1から90までつなぎましょう。

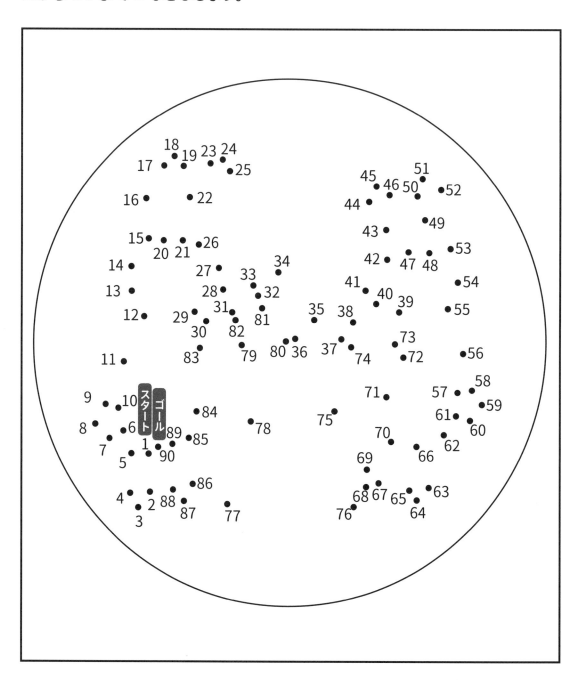

線つなぎ②

数字を順番に線でつないで、絵を完成させましょう。

1から100までつなぎましょう。

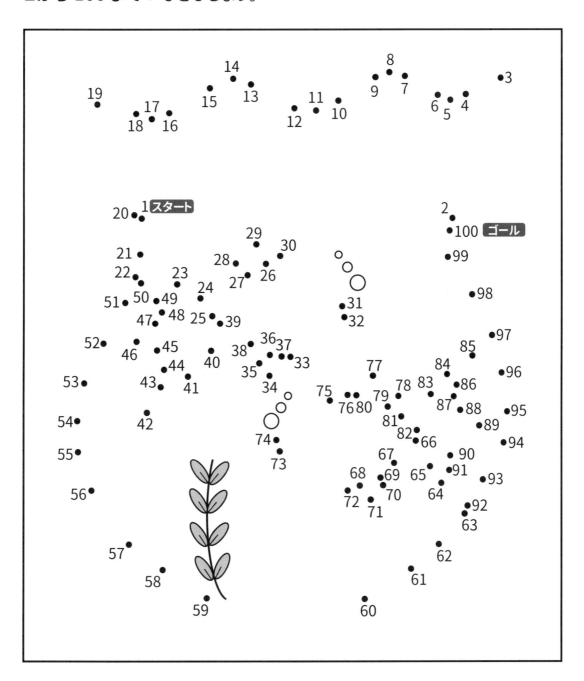

実施日　　　年　　　月　　　日　　氏名

仲間はずれはどれ？①

仲間はずれをひとつ見つけて、○で囲みましょう。

問①

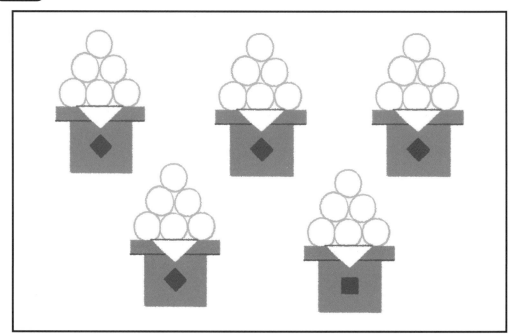

問②

仲間はずれはどれ？②

仲間はずれをひとつ見つけて、○で囲みましょう。

問①

問②

実施日　　　年　　　月　　　日　　氏名

足し算で浮き出る塗り絵

足すと **9** になるところだけを塗りましょう。

塗った後に何かの絵が現れます。

※数字が見づらい場合は拡大コピーしてご使用ください。

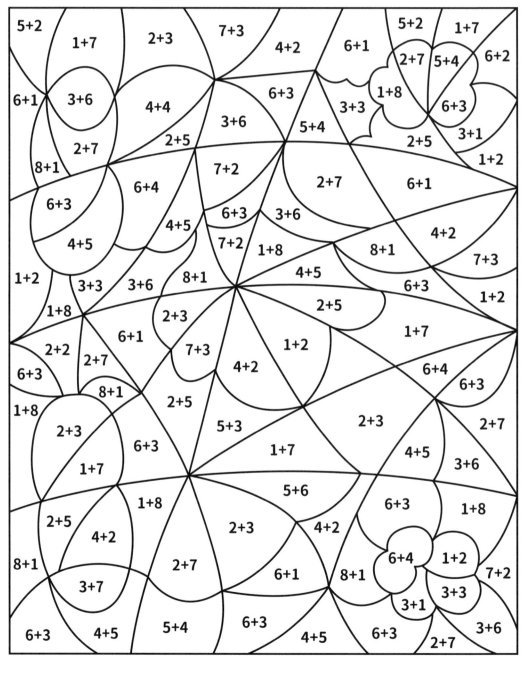

実施日　　　　年　　　月　　　日　　氏名

引き算で浮き出る塗り絵

引くと **3** になるところだけを塗りましょう。

塗った後に何かの絵が現れます。

※数字が見づらい場合は拡大コピーしてご使用ください。

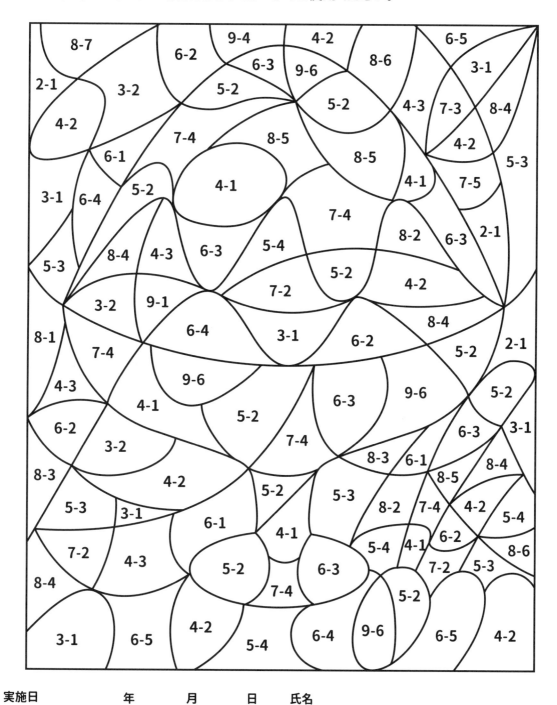

残るのはどれ？①

同じ2つの絵に斜線を引き、最後のひとつを〇で囲みましょう。

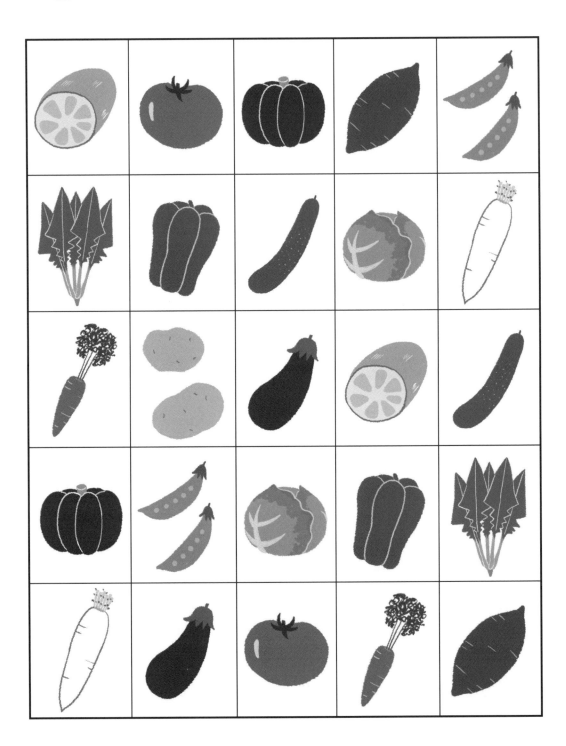

実施日　　　年　　月　　日　　氏名

残るのはどれ？②

同じ2つの絵に斜線を引き、最後のひとつを〇で囲みましょう。

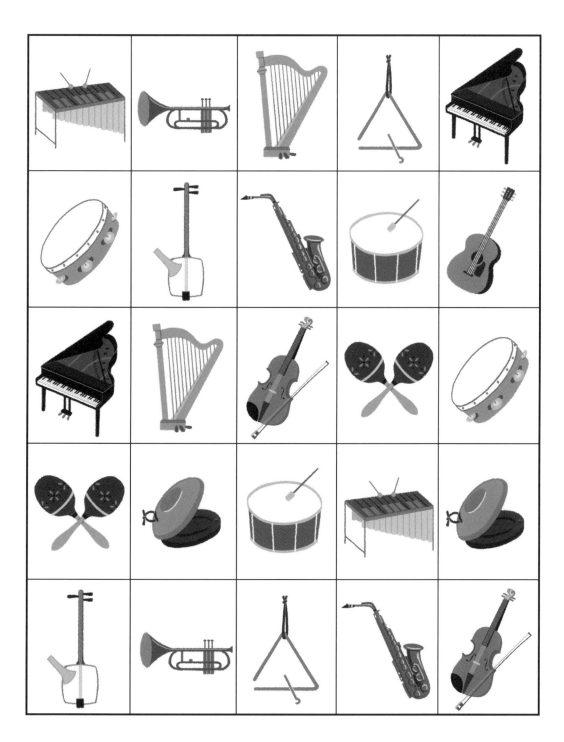

脳トレ 35 魚へんの漢字

つくり(右側)を□から選んで、魚へんの漢字を完成させましょう。

それぞれ、ひらがなで書かれた言葉を漢字にします。答えは漢字で書きましょう。難しい場合は、辞書を引きましょう。

例 いわし 魚+? → 鰯
「弱」が入る。

問① あじ 魚+? →
問② さば 魚+? →
問③ あわび 魚+? →
問④ かつお 魚+? →
問⑤ まぐろ 魚+? →
問⑥ あゆ 魚+? →

問⑦ くじら 魚+? →
問⑧ さけ 魚+? →
問⑨ うなぎ 魚+? →
問⑩ たら 魚+? →
問⑪ さわら 魚+? →
問⑫ ぶり 魚+? →

包　雪　京　曼　占　青
春　師　圭　参　有　堅

半濁音のつくものは？

半濁音のつく言葉を選んで、○で囲みましょう。

半濁音とは、"ぱ、ぴ、ぷ、ぺ、ぽ" など、「゜」がつく文字のことです。

実施日　　　年　　　月　　　日　　　氏名

制作 1 ティッシュボックスの 小物入れ

ティッシュボックスを使ってできる、可愛い小物入れです。

用意するもの
- ティッシュボックス
- 包装紙
  （柄の異なるものを2種類）
- 定規
- 鉛筆
- はさみ
- のり
- セロハンテープ

作り方

1 ティッシュボックスのティッシュを取り出す部分から四隅に向けてはさみで切り込みを入れ、この面を切り取ります。

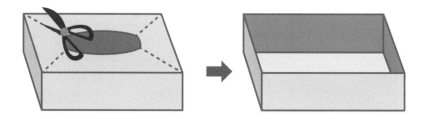

2 側面の左右からそれぞれ9cmの部分に線を引き、真ん中の部分を切り取ります。もう一方の側面も同様に切り取ります。

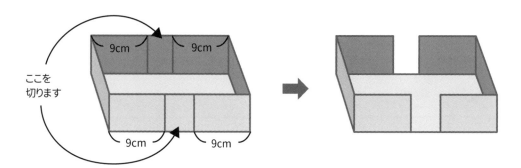

3 ❷で切った部分の両側の隅をつなぐように、折り目をつけ、箱の形にします。

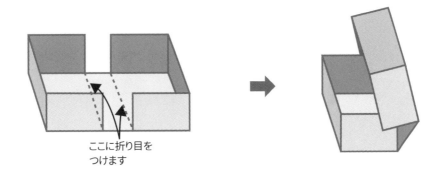

4 ❸の箱を一度開き、ティッシュボックスの形に合わせて、内側と外側のすべての面に柄の異なる包装紙を、ティッシュボックスの形に合わせてのりで貼ります。

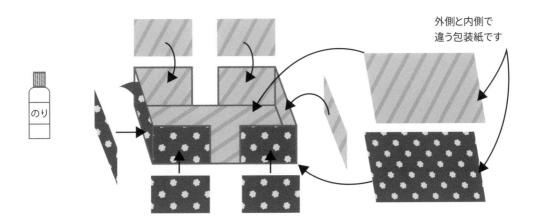

5 絵のように、箱の内側の2箇所をセロハンテープでとめます。

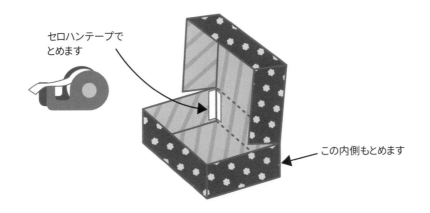

> **アドバイス** 包装紙の替わりに、千代紙を貼り合わせてもきれいでしょう。

制作 2 新聞紙で作る コサージュ

簡単にできて、新聞紙で作ったとは思えないような、おしゃれなコサージュです。

用意するもの

- 新聞紙（カラーの誌面）
- フェルト
- 安全ピン
- マニュキア（ラメ入りのもの）
- はさみ
- 定規
- 鉛筆
- ストロー（細いタイプのもの）
- ボンド
- はけ
- ボンドを薄める容器
- 水

作り方

1 カラーの誌面の新聞紙を9×18cm、8×16cm、7×14cmの大きさに切り、カラーの面を表にして2つ折りにし、水で薄めたボンドで貼り合わせます。

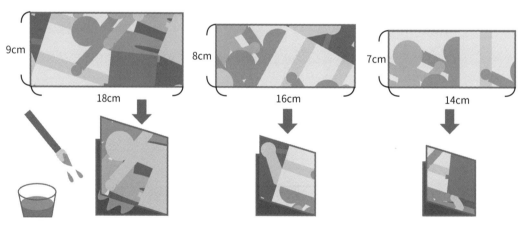

2 **1**の3つの新聞紙の大きさに合わせて、右の花の絵をそれぞれ拡大コピーし、形を切り取り、型紙にします。

型紙

3 ❷の型紙を❶の新聞紙にあて、鉛筆で形をなぞって切り取ります。3つとも同様に作ります。

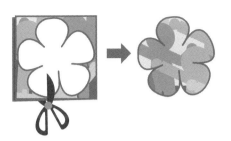

4 ❸で作った3つの花全体にマニュキアをぬります。

5 1.5×30cmに切った新聞紙に細かい切り込みをたくさん入れ、巻いてボンドでとめ、花の芯にします。

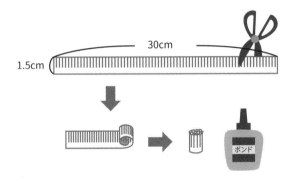

6 ❹のマニュキアが乾いたら、ストローでそれぞれの花びらを巻いて少し開き、形を整え、真ん中をくぼませて、立体感を作ります。

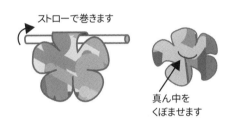

7 3つの花を花びらが交互になるように重ねてボンドで貼り、中心に❺の芯を貼ります。

8 1.5×3cmに切ったフェルトに、絵のように2箇所に切り込みを入れ、安全ピンを通し、❼の花の裏側に貼ります。

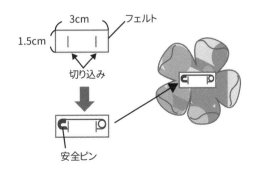

> **アドバイス**
> ・3枚の花に使用する新聞紙は、色の違うものを組み合わせるときれいです。
> ・ボンドを薄める容器は、ペットボトルの底の部分などを切って使うと便利です。

千代紙の 箸袋2種

季節の行事のときなどに使える、千代紙などで作る2種類の箸袋です。

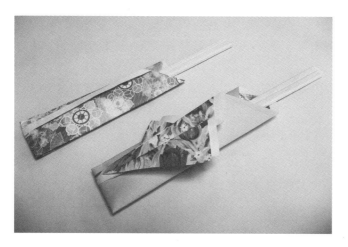

用意するもの
- 千代紙
- 折り紙

作り方 ①

1 千代紙の裏を上にして、四等分の折り目をつけ、右端を5ミリくらい裏に折り返します。

2 右上を折り目に合わせて三角に折り、左上を中心に合わせて三角に折ります。

3 左側を折り目に合わせて2回折り、右側を1回折ります。

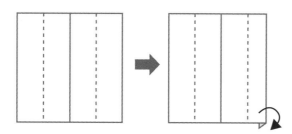

4 下の部分を1.5cmくらい後ろに折り返します。

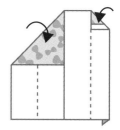

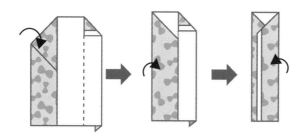

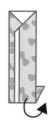

作り方 ②

1 千代紙と折り紙の裏面同士を合わせるようにして重ね、絵のように少しずらします。

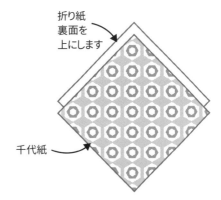

折り紙裏面を上にします

千代紙

2 絵のように左側を折り、折った部分から少しはみ出すように、折り返します。

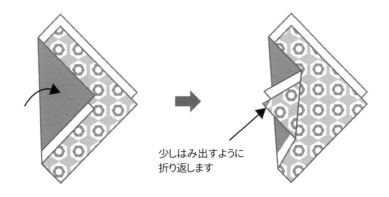

少しはみ出すように折り返します

3 絵のように右側を折り、3回折り返します。

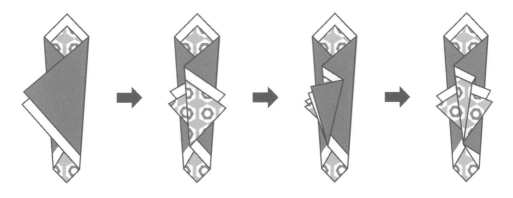

4 下の部分を5cmくらい後ろに折り返します。

千代紙の 箸置き2種

千代紙で作る、可愛らしい形の2種類の箸置きです。

用意するもの
・千代紙
・はさみ
・定規
・鉛筆

作り方 ①

1 千代紙を10cm四方に切ります。

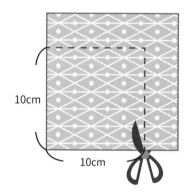

2 ①を半分に折り、中心に折り目をつけて、左右を折り合わせます。

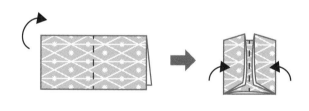

3 折った部分の2箇所を開き、絵のように後ろに折り返します。

4 下の部分を2回折り上げます。裏も同様にします。

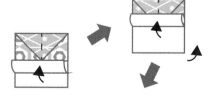

5️⃣ 内側を広げて、上の部分をへこませます。

作り方 ②

1️⃣ 千代紙を10×5cmに切ります。

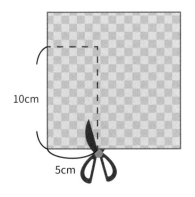

2️⃣ 半分に折り、さらに縦半分に折り目をつけ、折った部分の左右を三角に折り目をつけます。

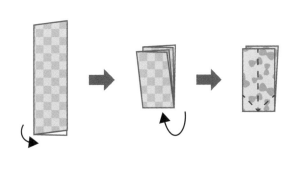

3️⃣ 一度開き、三角の折り目に合わせて中に折り込んで二つ折りにし、表と裏の2箇所を折り上げます。

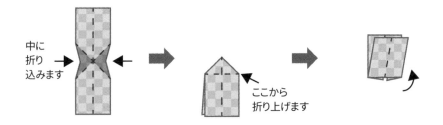

4️⃣ 折った部分の4箇所を三角に折り上げます。

5️⃣ 四隅を折り、リボンの形に開きます。

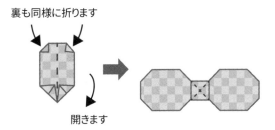

制作 5 牛乳パックの リモコンラック

牛乳パック2つで作る、持ち運びのできるリモコンラックです。

用意するもの

- 牛乳パック2つ
  （1リットルのもの）
- 千代紙
- 定規
- 鉛筆
- カッター
- はさみ
- ボンド
- 両面テープ
- ビニールテープ

作り方

1 牛乳パックを、一面を残して絵のように切ります。これを2つ作ります。

2 1で一面残した部分を絵のように切り、取っ手を作ります。

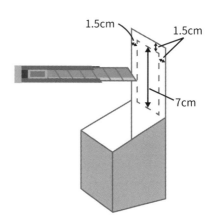

3 2つの箱の取っ手を合わせ、両面テープで箱をつなげます。

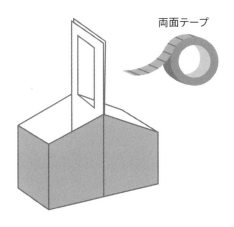

4 千代紙を5cm四方に切ったものをたくさん用意します。

5 ❹で切った千代紙を、❸の側面にボンドで貼っていきます。箱の上の部分は、切った線に合わせて貼ります。

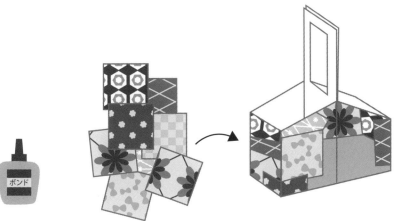

6 取っ手の部分にビニールテープを貼ります。

 リモコンラックは、メガネホルダーとしても使えます。

制作 6 トイレットペーパーの芯の 鯉のぼり

トイレットペーパーの芯を使って作る、可愛らしい鯉のぼりです。

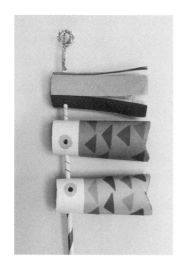

用意するもの

- トイレットペーパーの芯3つ
- 折り紙
- コピー用紙
- 広告紙
- モール（金色か銀色のもの）
- 定規
- 鉛筆
- ペン
- はさみ
- のり
- セロハンテープ
- 穴開けパンチ

作り方

1 トイレットペーパーの芯に折り紙を巻きつけ、はみ出した部分を中に折り込みます。

2 ❶の片方をつぶし、絵のように切って鯉のぼりの尾の形にします。

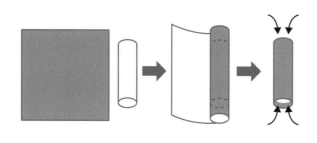

3 コピー用紙を13×3cmの長さに切り、❷の鯉のぼりの頭の方に巻き、のりで貼ります。

4 直径1.7cmくらいの円形に切った折り紙にペンで目を描いたものを2つ作り、鯉のぼりにのりで貼ります。

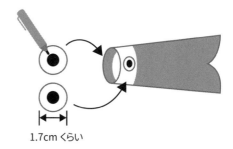

5 数種類の折り紙を小さく三角形に切ったものをたくさん用意し、鯉のぼりの胴体にのりで貼り、鯉のぼりを完成させます。この鯉のぼりを2つ作ります。

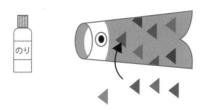

6 2.5cmの幅に切った折り紙を5色分用意します。

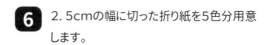

7 **6**の5色分の折り紙を別のトイレットペーパーの芯に1色ずつ貼り、はみ出した部分は内側に折り込み、のりで貼ります。

8 **7**の色が変わる部分に半分くらいまで切り込みを入れ、少し開いて吹き流しにします。

9 広告紙をななめにきつく巻いて、最後をセロハンテープでとめ、棒状にします。

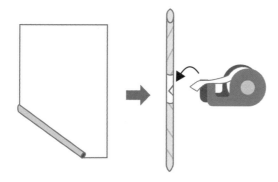

10 鯉のぼりと吹き流しが並ぶように位置を決めて、それぞれ上下に穴あけパンチで穴を開け、**9**の棒に刺します。

11 モールを絵のように球状の十字にし、**10**の棒の先端につけてセロハンテープでとめます。

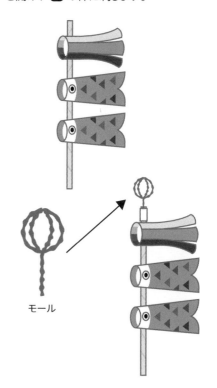

モール

制作 7 ティッシュボックスの**レターラック**

壁にかけて使えるレターラックです。

用意するもの

- ティッシュボックス
- 包装紙
- リボン
- カッター
- はさみ
- ボンド
- 両面テープ
- ガムテープ
- 千枚通し

作り方

1 ティッシュボックスの取り出し口のビニールを取り、ひとつの方は少し小さくなるように、2つに切ります。

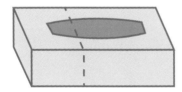   

2 **1**で切った小さい方の箱の上の部分を、絵のように少しななめに切ります。

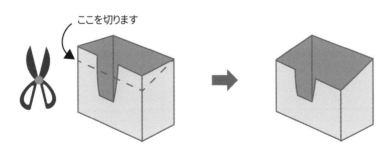

ここを切ります

3 2つの箱のまわりと内側に、箱の大きさに合わせて包装紙をボンドで貼ります。

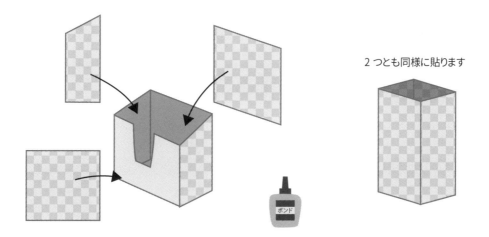

2つとも同様に貼ります

4 2つの箱を、両面テープで貼り合わせます。

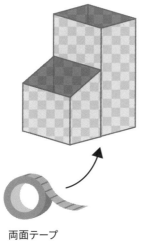

両面テープ

5 2つの箱の底の部分をガムテープでつなげます。

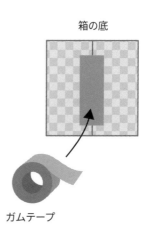

箱の底

ガムテープ

6 絵のように、箱の上の方の2箇所に千枚通しで穴を開け、リボンを通して結びます。

制作 8 あさがおの壁かけ

割り箸で格子状の背景を作り、折り紙で作ったあさがおを貼って壁かけにします。

用意するもの

- 割り箸10本
- 折り紙
- 画用紙
- モール（緑色と黄緑色のもの）
- ひも
- 定規
- 鉛筆
- クレヨン、ペンなど
- はさみ
- ボンド
- セロハンテープ

作り方

1 画用紙に、2cm幅の線を縦と横に格子状に10本ずつ書きます。

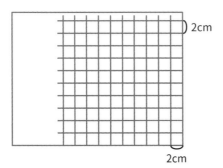

2 割り箸を割り、**1**の縦の線に1本ずつ載せます。横の線と交差する部分に、それぞれボンドをつけます。

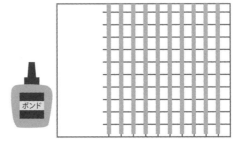

3 **2**の上に、横の線に合わせて1本ずつ割り箸を載せ、しっかりくっつけます。

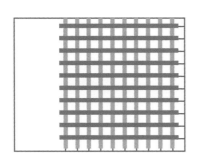

4 折り紙にあさがおの花と葉の輪郭をいくつか描き、切り取ります。花は丸く描きます。

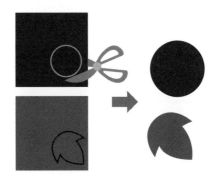

5 クレヨンやペンなどで、**4**のあさがおの花や葉に模様を描きます。

6 **3**に花を貼る位置を決め、それに合わせて葉をボンドで貼ります。

7 あさがおの花の中心を裏から少しつまんでしぼり、セロハンテープでとめます。これを葉の少し上に貼ります。

8 モールをあさがおのつるに見立て、絵のように割り箸に絡めて先を丸め、裏をセロハンテープでとめます。

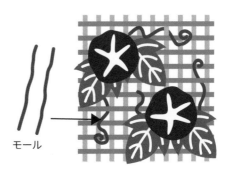

9 上の方にひもをひっかけて結びます。

 あさがおは、折り紙であさがおの形に折ったものを貼ってもいいでしょう。

制作 9 折り紙で カラフルこま

折り紙や千代紙だけを使った、立体的でカラフルなこまです。

用意するもの

- 折り紙
- 千代紙
 （裏面に色がついている
 タイプのもの）

作り方

1 下記のように千代紙を折って、こまの土台を作ります。

①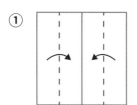
中心に合わせて左右を折ります。

②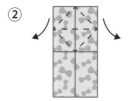
点線のように折り筋をつけ、左右を開くように折ります。

③
下も同じように折ります。

④
開くように折ります。

⑤
残りの角も同じように折ります。

⑥
中心に合わせて左右を折ります。

⑦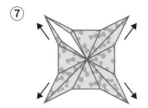
折り筋に合わせて、開くように折ります。

⑧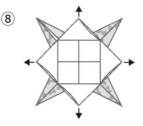
中心の4箇所を開きます。

⑨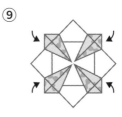
外側の4箇所を内側に折ります。

2 下記のように別の折り紙を折って、こまの中心部分を作ります。

①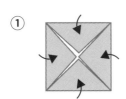
中心に合わせて、4つの角を折ります。

②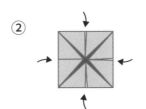
裏返し、中心に合わせて、4つの角を折ります。

③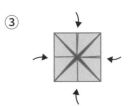
表に返し、中心に合わせて、4つの角を折ります。

④
裏返し、中心の4箇所を開くように、四隅に合わせて折ります。

⑤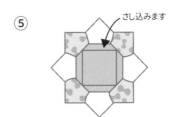
さし込みます
絵のように、**1**のこまの土台と組み合わせます。

3 折り紙でこまの持ち手の部分を作り、**1**、**2**の土台や中心部分と組み合わせて、完成させます。

①
中心に合わせて、4つの角を折ります。

②
中心に合わせて、4つの角を折ります。

③
中心に合わせて、4つの角を折ります。

④
裏返し、4つの角を山になるように折り、絵のように立体にします。

⑤
絵のように、**2**にさし込みます。

-59-

制作 10 ペットボトルで 風鈴

ペットボトルを使って、涼しげな風鈴を作ります。

用意するもの

- ペットボトル
- 色画用紙
- 段ボール
- 鈴
- シール
- スパンコール
- たこ糸
- ペン
- 鉛筆
- 定規
- ビニールテープ
- はさみ
- ボンド
- カッター
- 千枚通し
- 穴あけパンチ

作り方

1 ペットボトルの底の部分から7cmくらいのところをカッターで切り取ります。

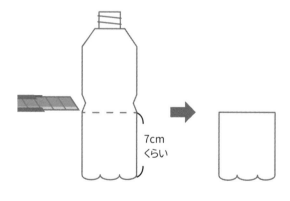

7cm くらい

2 **1**で切った切り口にビニールテープを貼ります。

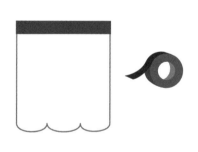

3 **2**の向きを逆にして、側面に好きなシールを自由に貼ります。

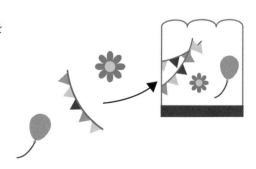

4 15×5cmくらいの短冊型に切った色画用紙に、自由に絵を描いたり、スパンコールをボンドで貼ったりします。

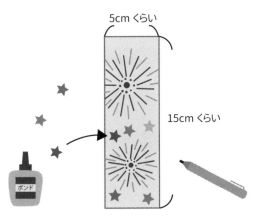

5 ペットボトルの底に千枚通しで穴を開けます。短冊の上には穴あけパンチで穴を開けます。

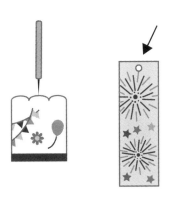

6 短冊の穴にたこ糸を通し、鈴をつけて結びます。

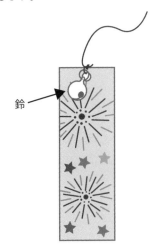

7 風鈴の下に出るたこ糸の長さを決めて、たこ糸の途中に小さく切って2つに折った段ボールを巻きつけます。

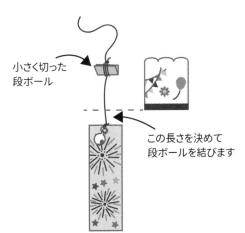

8 ペットボトルの内側からたこ糸を通し、上で結びます。

 鈴は、短冊の下の方にたこ糸を結んでつけてもいいでしょう。

制作 11 針を使わず ポケットティッシュ入れ

針や糸を使わずに、簡単に作れるポケットティッシュ入れです。

用意するもの

- カットクロス（端切れの布地）
  ※カットクロスは、100円ショップなどで購入できます。
- ポケットティッシュ
- 定規
- 鉛筆
- はさみ
- ボンド

作り方

1 カットクロスを19×30cmの大きさに切ります。

2 裏側を横長に置き、上と下を7～8mm程度折って、ボンドでとめます。

3 中央にポケットティッシュを置き、上下ではさみます。このとき、上下の合わさった部分がティッシュの中心にくるようにします。

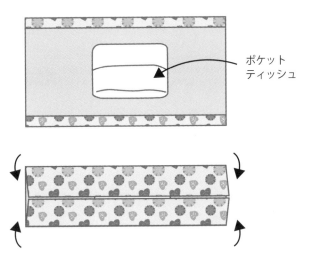

4 ❸の状態で、裏返し、左右の2枚重なっている布をボンドでとめ、さらに右側を7〜8mmを折り返して、ボンドでとめます。

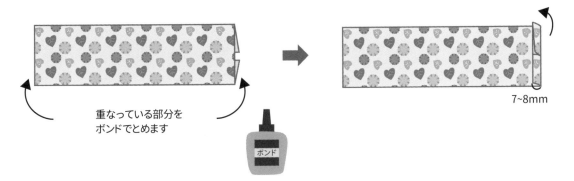

5 ポケットティッシュの大きさに合わせて左側を折り、その上から右側も折って、重なった部分をボンドでとめます。

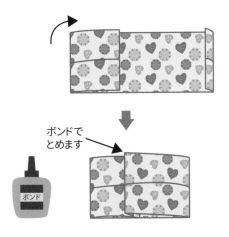

裏返して、表面からティッシュを取り出します

おしゃれな ペン立て

空き瓶を使って作る、おしゃれなペン立てです。

用意するもの

- 空き瓶
- 紙粘土
- おはじき
- ラインストーン（シールタイプ）、ジュエリーシール
  ※シールタイプのラインストーンやジュエリーシールは、100円ショップなどで購入できます。
- リボン
- 粘土板または新聞紙
- ボンド

作り方

1 粘土板の上で、空き瓶のまわり全体と口の内側に、紙粘土を貼りつけます。粘土板がない場合は、新聞紙を代用します。

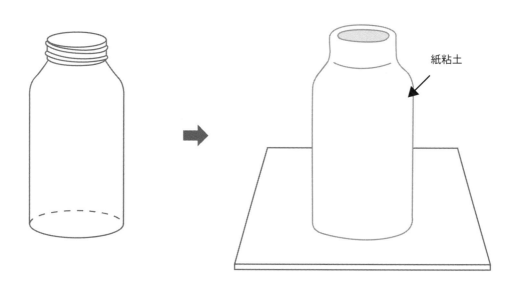

2 おはじきにボンドをつけ、紙粘土に埋め込みます。

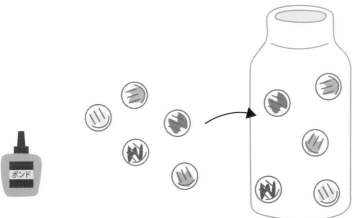

3 おはじきの間の空いた部分に、ラインストーンやジュエリーシールを貼ります。

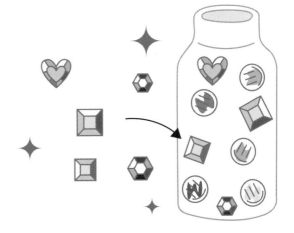

4 紙粘土が乾いたら、上にリボンを結びます。

アドバイス ペン立ては、造花の花瓶としても使えます。

制作 13 牛乳パックの 小物入れ

牛乳パックで作る、取っ手のついた可愛らしい小物入れです。

用意するもの

- 牛乳パック（1リットルのもの）
- 千代紙
- 折り紙
- シール
- 定規
- 鉛筆
- はさみ
- ホチキス
- ボンド

作り方

1 牛乳パックの重なっている硬い部分を切り、その側面と、注ぎ口の面、底の面を切り取ります。

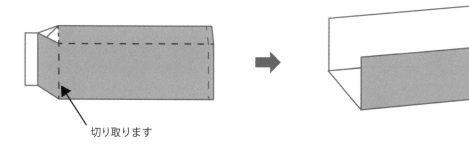

切り取ります

2 **1**の4箇所に絵のように切り込みを入れます。

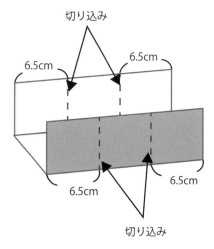

切り込み　6.5cm　6.5cm　6.5cm　6.5cm　切り込み

-66-

3 ① で切り取った側面の、重なっていない方を1cm幅に切り取ります。

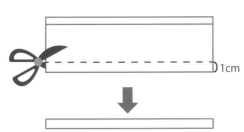

4 ③ に3cm幅に切った折り紙を2枚巻いて、ボンドで貼ります。

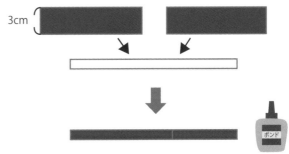

5 ② の左右を持ち上げるようにして立体にし、絵のように ④ の取っ手をはさんで、2箇所をホチキスでとめます。

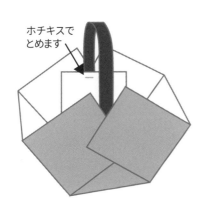

ホチキスでとめます

6 千代紙を5cm四方に切ったものをたくさん用意し、⑤ の2つの側面に貼っていきます。箱の上の部分は、切った線に合わせて貼ります。

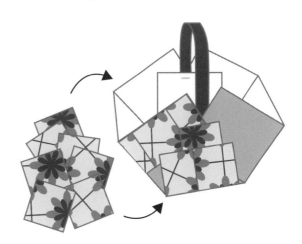

7 底の面と残った側面に折り紙をボンドで貼ります。このとき、折り紙は ④ の取っ手部分と同じ色のものを使います。

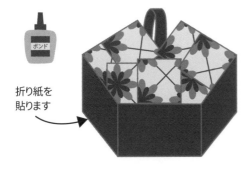

折り紙を貼ります

底の部分

8 内側のホチキスの針が見える部分にシールを貼り、ホチキスの針を隠します。

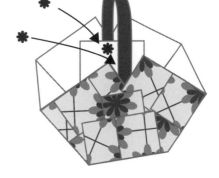

トイレットペーパーの芯の 鍋敷き

トイレットペーパーの芯が、おしゃれな鍋敷きに生まれ変わります。

用意するもの

・トイレットペーパーの芯4つ
・定規
・鉛筆
・はさみ
・ボンド

作り方

1 トイレットペーパーの芯をつぶし、1cmの幅に線を引いて、切り取ります。これを30個作ります。

2 ①を2つに折り、折っていない①の筒の内側にはさんで、下の方をボンドで貼ります。これを10個作ります。

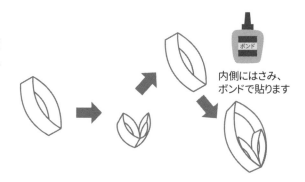

内側にはさみ、ボンドで貼ります

3 ❷を絵のようにつなぎ合わせてボンドで貼り、円状にします。

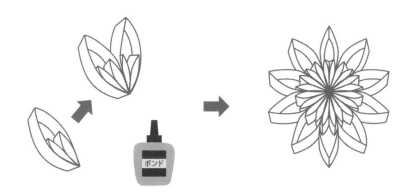

4 残った❶を絵のようにボンドで貼っていきます。

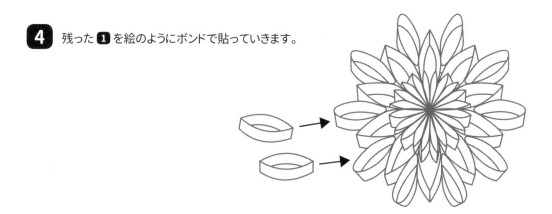

5 別のトイレットペーパーの芯を切り開き、直径3.5cmくらいの円形に切ります。これを2つ作り、❹の表裏の中心にボンドで貼ります。

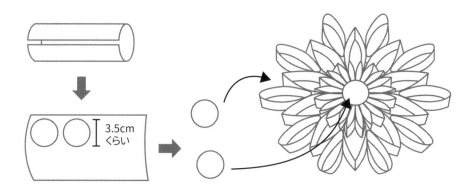

> **アドバイス** 鍋敷きは、ひもを通して、壁かけ飾りにしてもいいでしょう。

オリジナル クリスマスカード

制作 15

色画用紙を使って、オリジナルのクリスマスカードを作ります。

用意するもの

- 色画用紙（黄緑色と緑色のもの）
- スパンコール
- 定規
- 鉛筆
- ペン
- はさみ
- ボンド
- のり

作り方

1 緑色の色画用紙を14×9cmに切ります。

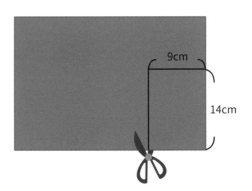

2 ❶を縦半分に折り、鉛筆でツリーの半分の形を描き、切り取ります。

3 黄緑色の色画用紙を15×20cmに切り、中心に折り目をつけます。

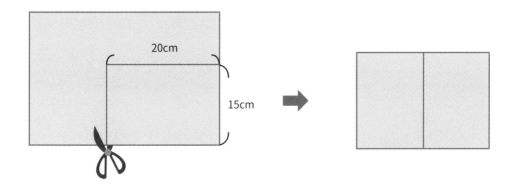

4 3の左側に2で切ったツリーの型をのりで貼り、右側には、2のツリーを貼ります。

5 ツリーの部分にスパンコールをボンドで貼ります。

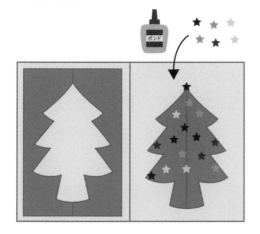

6 空いている部分に、クリスマスのメッセージを書きます。

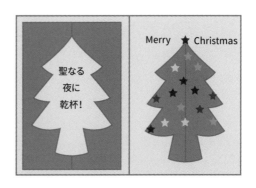

アドバイス クリスマスカードを誰かにプレゼントする場合、洋形2号の封筒を使用するといいでしょう。カードがぴったり入るサイズです。

折り紙で つるし飾り

制作 16

折り紙を使って、カラフルで立体的なつるし飾りを作ります。

用意するもの

- 折り紙（10cm四方のもの）
- スパンコール
- リリアン糸
- はさみ
- ボンド

作り方

1 下記のように折り紙を折ります。

①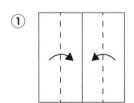

中心に合わせて左右を折ります。

②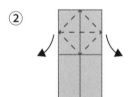

点線のように折り筋をつけ、左右を開くように折ります。

③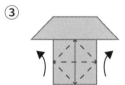

下も同じように折ります。

④

開くように折ります。

⑤

残りの角も同じように折ります。

⑥

それぞれ、中心線に合わせて折ります。

⑦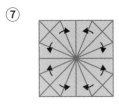

開くように折ります。

⑧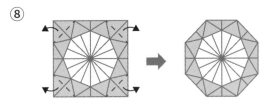

4つの角を裏に折り返します。

2 直径1.5cmくらいの円形に切った折り紙の上にスパンコールをボンドで貼り、**1**の中心に貼ります。このとき、円形にする折り紙は、**1**とは違う色にします。

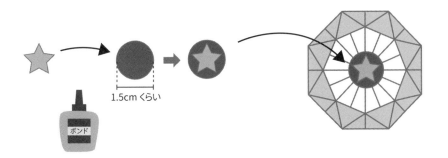

3 **2**を6個作り、**1**で最後に折り返した部分をそれぞれ貼り合わせて、六面体の形にします。

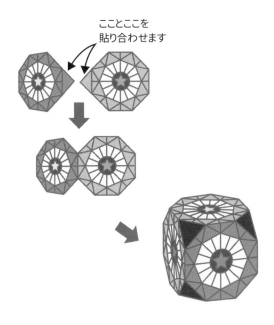

こことここを貼り合わせます

4 **3**を3つ作り、絵のようにリリアン糸で結びます。

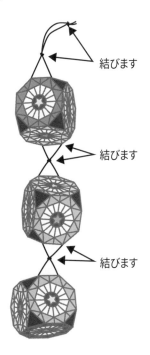

結びます

結びます

結びます

かもめの水兵さん

作詞：武内俊子／作曲：河村光陽

リズムに合わせて、オールを漕ぐ真似をしたり、背筋や肩のストレッチをします。

進め方

1 ♪かもめの

(両手でオールを漕ぐ真似をして、両腕を動かします)

2 ♪すいへいさん

(**1**と同じ動きです)

3 ♪なら

(両肩を上げます)

4 ♪んだ

(両肩を戻します)

5 ♪すいへい

(**3**と同じ動きです)

6 ♪さん

(**4**と同じ動きです)

7 ♪しろい ぼうし しろい シャツ

(**1**と同じ動きです)

8 ♪しろい ふく

(**1**と同じ動きです)

9 ♪なみに チャップ チャップ

(両肩を前から後ろにまわします)

10 ♪うかんでる

(**9**と同じ動きです)

★2番、3番も同様に行います。

両肩を前から後ろにまわすとき、2番や3番では、後ろから前にまわすようにしてもいいでしょう。

リズム体操 2 サッちゃん

作詞：阪田寛夫／作曲：大中 恩

ゆったりとしたリズムで、上腕筋や背筋、腹筋を思い切りストレッチします。

進め方

1 ♪サッちゃんは

（体を倒し、両手で両足首を持ちます）

2 ♪ね

（体を起こし、両手を上に伸ばします）

3 ♪サチコって いうんだ ほんとは ね

（**1**、**2**の動きを2回くり返します）

4 ♪だけど ちっちゃいから

（右腕を前から後ろにまわします）

5 ♪じぶんのこと サッちゃんて

（左腕を前から後ろにまわします）

6 ♪よぶんだよ

（両腕を前から後ろにまわします）

7 ♪おかしいな

（両手、両足を思い切り広げます）

8 ♪サッちゃん

（両手、両足を戻します）

★2番、3番も同様に行います。

 ゆったりとしたリズムで行い、ひとつひとつの動作を大きくし、腕を思い切り動かしましょう。

いい湯だな

作詞：永 六輔／作曲：いずみたく

入浴をイメージして、お湯をかけたり、背中や腕、脚などを洗う動きをします。

D.S.① D.S.②

※歌詞は、3番まで掲載しています。

進め方

1 ♪ババンバ バンバン バン

（斜め右下から、桶の湯を2回体にかける真似をします）

2 ♪ババンバ バンバン バン

（斜め左下から、桶の湯を2回体にかける真似をします）

3 ♪いいゆだな いいゆだな

（①、②の動きをくり返します）

（右手が上、左手が下で、タオルで背中を4回こする真似をします）

4 ♪ゆげが てんじょうから ポタリと せなかに

（左手が上、右手が下で、タオルで背中を4回こする真似をします）

5 ♪つめてェな

（右手で左腕を2回こする真似をします）

6 ♪つめてェな

（左手で右腕を2回こする真似をします）

7 ♪ここは きたぐに

（右手で右脚を2回こする真似をします）

8 ♪のぼりべつの ゆ

（左手で左脚を2回こする真似をします）

 スタッフは、「体をよく洗いましょう！」などと促すと、楽しく行えるでしょう。

★2番、3番も同様に行います。

茶摘み

文部省唱歌

2人が向かい合って座ります。【右手をたたき合う】→【手拍子】→【左手をたたき合う】→【手拍子】・・・をくり返し、楽譜中の（トントン）の部分では、両手を2回たたき合います。

進 め 方

2人が向かい合って座ります。【右手をたたき合う】→【手拍子】→【左手をたたき合う】→【手拍子】…をくり返します。80ページの楽譜中の（トントン）の部分では、両手を2回たたき合います。

1 ♪な

2 ♪つ

3 ♪も

4 ♪ち

5 ♪か

6 ♪づ

7 ♪く

（トントン）

> **ちょこっとアレンジ** 両手を2回たたき合うところでは、【両手のひらを1回たたき合う】＋【両手の甲を1回たたき合う】にしてもいいでしょう。

桃太郎

文部省唱歌／作曲：岡野貞一

1小節ごとに、太ももを上げたり足を動かしたりして、楽しく太ももや足のストレッチをします。

進め方

1 ♪もも

（右の太ももを上げて戻します）

2 ♪たろうさん

（左の太ももを上げて戻します）

3 ♪ももたろう

（**1**と同じ動きです）

4 ♪さん

（**2**と同じ動きです）

5 ♪おこしに

（両手両足を前に伸ばします）

6 ♪つけた

（両手両足を戻します）

7 ♪きび

（**5**と同じ動きです）

8 ♪だんご

（**6**と同じ動きです）

9 ♪ひとつ

（両足を横に開きます）

10 ♪わたしに

（両足を戻します）

11 ♪ください

（**9**と同じ動きです）

12 ♪な
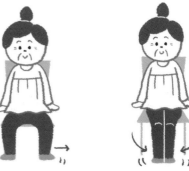
（**10**と同じ動きです）

> **ちょこっとアレンジ** 両足を横に開くときは、同時に両手を横に開いてもいいでしょう。

★2番、3番も同様に行います。

鯉のぼり

文部省唱歌

全員が輪になり、♩のリズムに合わせて、【8回手拍子】→【4回左右の人と手をたたき合う】→【2回手拍子】→【1回左右の人と手をたたき合う】をくり返します。

進 め 方

全員が輪になり、♩のリズムに合わせて、次の動作をくり返します。

1 ♪いらかの なみと

2 ♪くものな

（8回手拍子をします）

（左右の人と4回手をたたき合います）

3 ♪み

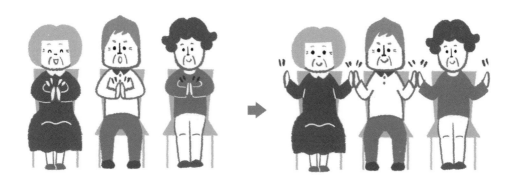
（2回手拍子をした後、左右の人と1回手をたたき合います）

 2人で向かい合って座り、【8回手拍子をする】→【4回両手をたたき合う】→【2回手拍子をする】→【1回両手をたたき合う】をくり返してもいいでしょう。

かわいい魚屋さん

作詞：加藤省吾／作曲：山口保治

1小節ごとに、腰をひねったり、腕を上げたりして、リズムに合わせて上半身をストレッチします。

※歌詞は、3番まで掲載しています。

進め方

1 ♪かわいい
（上半身を左にひねります）

2 ♪かわいい
（体を戻します）

3 ♪さかなや
（上半身を右にひねります）

4 ♪さん
（体を戻します）

5 ♪ままごと あそびの さかなやさん
（**1**〜**4**の動きをくり返します）

6 ♪こんちは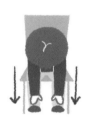
（お辞儀をするように体を倒します）

7 ♪おさかな
（体を戻し、両手を上に伸ばします）

8 ♪いかがで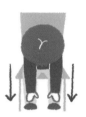
（**6**と同じ動きです）

9 ♪しょ
（**7**と同じ動きです）

10 ♪おへやじゃ
（右手を上げて、上半身を左に倒します）

11 ♪こどもの
（体を戻します）

12 ♪おかあさ
（左手を上げて、上半身を右に倒します）

13 ♪ん きょ
（体を戻します）

14 ♪うは まだまだ いりません
（**10**〜**13**の動きをくり返します）

アドバイス 体をひねる動作のときは、顔を横にして後ろを見る意識で行うと、より効果的なストレッチになるでしょう。

★2番、3番も同様に行います。

兎と亀

作詞：石原和三郎／作曲：納所弁次郎

2人が向かい合って座り、両手をつなぎます。リズムに合わせて2人で腕を動かし、腕や肩のストレッチをします。

※歌詞は、3番まで掲載しています。

進め方

2人が向かい合って座り、両手をつなぎます。

1 ♪もしもし

（両手をつなぎ、横に広げます）

2 ♪かめよ

（両手を上に上げます）

3 ♪かめさん

（**1**と同じ動きです）

4 ♪よ

（**2**と同じ動きです）

5 ♪せかいの うちに

（左右の手を交互に引っ張り合います）

6 ♪おまえほど

（**5**と同じ動きです）

7 ♪あゆみの のろい ものはない

（両手を交互に引っ張り合います）

8 ♪どうして そんなに のろいのか

（**7**と同じ動きです）

 両手を交互に引っ張り合うときに、強く引っ張りすぎないように、注意しましょう。

★2番、3番も同様に行います。

リズム体操 9 われは海の子

文部省唱歌

リズムに合わせて、平泳ぎや背泳ぎ、クロールなどの動きをし、楽しみながら上腕筋や背筋、首などのストレッチをします。

※歌詞は、3番まで掲載しています。

進め方

1 ♪われは うみのこ しらなみの

（両手で平泳ぎの動きを4回します）

2 ♪さわぐ

（背泳ぎの動きで、右手を後ろにまわします）

3 ♪いそべの

（左手を後ろにまわします）

4 ♪まつばら

（**2**と同じ動きです）

5 ♪に

（**3**と同じ動きです）

6 ♪けむり

（クロールの動きで、右手を後ろから前にまわします）

7 ♪たなびく

（左手を後ろから前にまわし、顔を右に向けます）

8 ♪とまやこ

（**6**と同じ動きです）

9 ♪そ

（**7**と同じ動きです）

10 ♪わが なつかしき すみかなり

（両手を大きく2回まわして、深呼吸をします）

 ゆったりとしたテンポで行い、体をダイナミックに動かしましょう。

★2番、3番も同様に行います。

リズム体操 10 ドンパン節

秋田県民謡

ラップの芯を両手に1本ずつ持ち、2人が向かい合います。歌詞や、♩のリズムに合わせて、右手の芯で、自分の左手の芯や、相手の左手の芯をたたきます。

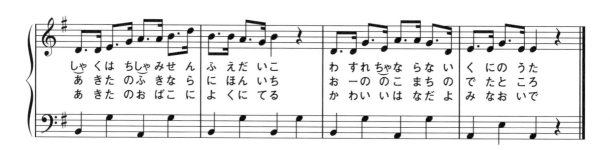

※歌詞は、3番まで掲載しています。

進め方

全員がラップの芯を両手に1本ずつ持ち、2人が向かい合って座ります。楽譜の1〜6小節は、歌詞の「♪ドン」「♪ドド」で右手の芯で左手の芯を1回たたき、「♪パン」「♪パンパ」で右手の芯で相手の左手の芯を1回たたきます。これをくり返します。

1 ♪ドンドン　　**2** ♪パンパン　　**3** ♪ドン　　**4** ♪パンパン

（右手の芯で左手の芯を2回たたきます）　（右手の芯で相手の左手の芯を2回たたきます）　（右手の芯で左手の芯を1回たたきます）　（**2**と同じ動きです）

7小節目以降は、♩のリズムに合わせて、次の動作をくり返します。

5 ♪うたコで よあけた　　**6** ♪わがくには　　**7** ♪あまの　　**8** ♪いわとの

（右手の芯で左手の芯を4回たたきます）　（右手の芯で相手の左手の芯を4回たたきます）　（右手の芯で左手の芯を2回たたきます）　（右手の芯で相手の左手の芯を2回たたきます）

9 ♪はじ　　**10** ♪めよ　　**11** ♪り

（右手の芯で左手の芯を1回たたきます）　（右手の芯で相手の左手の芯を1回たたきます）　（自分の両手の芯をたたき合います）

2人ではなく、ひとりずつ行い、相手の左手の芯をたたく部分では、自分の左手の芯で右手の芯をたたくようにしてもいいでしょう。

★2番、3番も同様に行います。

めだかの学校

作詞：茶木 滋／作曲：中田喜直

ゆったりとしたリズムで、足や足首、太ももなどをストレッチします。

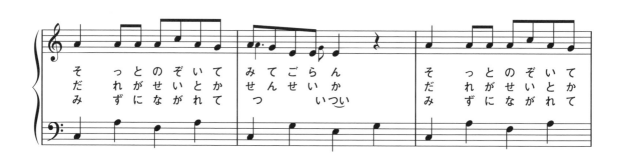

進め方

1 ♪めだかの がっこうは

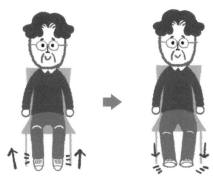

(【かかとを上げる→戻す】を2回くり返します)

2 ♪かわの なか

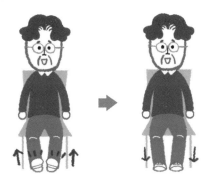

(【つま先を上げる→戻す】を2回くり返します)

3 ♪そっと

(右足のつま先を斜め右に出します)

4 ♪のぞいて

(右足を戻します)

5 ♪みてごら

(左足のつま先を斜め左に出します)

6 ♪ん

(左足を戻します)

7 ♪そっと のぞいて みてごらん

(**3**〜**6**の動きをくり返します)

8 ♪みんなで

(右足の太ももを上げ、太ももの下で手拍子をします)

9 ♪おゆうぎ

(体を戻します)

10 ♪している

(左足の太ももを上げ、太ももの下で手拍子をします)

11 ♪よ

(体を戻します)

 太ももの下で手拍子をした後で、体を戻す際に、体の前で1回手拍子をしてもいいでしょう。

★2番、3番も同様に行います。

故郷

作詞：髙野辰之／作曲：岡野貞一

平ゴムを輪にしたものを使い、リズムに合わせて腕や上半身のストレッチをします。

進め方

80〜100cmくらいの長さの平ゴムを輪にしたものを、ひとり1本ずつ用意し、輪の両サイドを持ちます。

1 ♪うさぎ

（両手を上げ、左に傾きます）

2 ♪おいし

（右に傾きます）

3 ♪かのや

（**1**と同じ動きです）

4 ♪ま

（**2**と同じ動きです）

5 ♪こぶな

（前に倒れます）

6 ♪つりし

（後ろにそらします）

7 ♪かのか

（**5**と同じ動きです）

8 ♪わ

（**6**と同じ動きです）

9 ♪ゆめは

（両手を前に伸ばして、上半身を左にひねります）

10 ♪いまも

（右にひねります）

11 ♪めぐ

（**9**と同じ動きです）

12 ♪りて

（**10**と同じ動きです）

13 ♪わすれがたき

（上半身を左からまわします）

14 ♪ふるさと

（右からまわします）

 平ゴムの替わりに、タオルを使ってもいいでしょう。

★2番、3番も同様に行います。

ああ人生に涙あり

作詞：山上路夫／作曲：木下忠司

リズムに乗りながら、手足をダイナミックに動かしてストレッチします。

進め方

1 ♪じん

（左手を腰にあて、右手は左の腰に置きます）

2 ♪せい

（半円を描くように右手を広げます）

3 ♪らくありゃ　くも あるさ

（**1**、**2**の動きを3回くり返します）

4 ♪なみ

（右手を腰にあて、左手は右の腰に置きます）

5 ♪だの

（半円を描くように左手を広げます）

6 ♪あとには　にじも でる

（**4**、**5**の動きを3回くり返します）

7 ♪あるいて ゆくんだ

（腕をふりながら、4回足踏みをします）

8 ♪し

（両足を開き、ひじを折って両腕を開きます）

9 ♪っ

（両足を閉じ、**8**のひじから先をつけます）

10 ♪かりと

（**8**、**9**の動きを3回くり返します）

11 ♪じぶ

（手のひらを上にして両手を横に広げます）

12 ♪んの

（頭の上で両手を合わせます）

13 ♪みちを　ふみしめて

（**11**、**12**の動きを5回くり返します）

アドバイス スタッフは、「手足を大きく動かしましょう」「元気よく足踏みしましょう」などと声をかけながら、動きを楽しめるように促しましょう。

★2番、3番も同様に行います。

通りゃんせ

わらべうた

全員が輪になり、リズムに合わせて体をゆらしたり、隣の人の肩をたたいたりします。

進め方

全員が輪になって座り、手をつなぎます。

1 ♪とおりゃんせ とおりゃんせ　　**2** ♪ここは どこの　　**3** ♪ほそみちじゃ

（【両手を上に上げる】→【下から後ろに下げる】を2回くり返します）　（右に傾きます）　（左に傾きます）

4 ♪てんじんさまの　　**5** ♪ほそみちじゃ　　**6** ♪ちょっと とおして くだしゃんせ　　**7** ♪ごようの ないもの とおしゃせぬ

（**2**と同じ動きです）　（**3**と同じ動きです）　（右の人の肩を4回たたきます）　（左の人の肩を4回たたきます）

8 ♪このこの ななつの おいわいに　　**9** ♪おふだを おさめに まいります　　**10** ♪いきは よいよい かえりは こわい こわいながらも とおりゃんせ　　**11** ♪とおりゃんせ

（**1**〜**3**の動きをくり返します）

（**6**と同じ動きです）　（**7**と同じ動きです）　　　　　　　　　　　　　　（**2**と同じ動きです）

> **ちょこっとアレンジ**　となりの人の肩をたたく部分は、【右4回】→【左4回】→【右4回】→【左4回】を、【右8回】→【左8回】に替えてもいいでしょう。

リズム体操 15 とんぼのめがね

作詞：額賀誠志／作曲：平井康三郎

両手でとんぼのめがねを作り、リズムに合わせて手足を大きく動かします。

進め方

とんぼのめがねをイメージして、両手ともに指で輪を作ります。両手は輪のまま、いずれも動作します。

1 ♪とんぼの

（両手の輪を目にあてます）

2 ♪めがねは

（両手足を前に伸ばします）

3 ♪みずいろ

（両手足を **1** に戻します）

4 ♪めがね

（**2** と同じ動きです）

5 ♪あおい

（**3** と同じ動きです）

6 ♪おそらを

（両手足を横に広げます）

7 ♪とんだか

（**3** と同じ動きです）

8 ♪ら

（**6** と同じ動きです）

9 ♪とん

（**3** と同じ動きです）

10 ♪だか

（両手を上に伸ばし、両足を上げて前に出します）

11 ♪ら
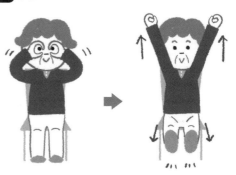
（**9**、**10** と同じ動きです）

アドバイス ゆったりとしたリズムで行い、手足を大きく動かしましょう。

★2番、3番も同様に行います。

汽車ポッポ

作詞：富原 薫／作曲：草川 信

全員が輪になって、ひとりひとつずつお手玉を持ち、1小節ごとにとなりの人に渡したり、軽く投げたりします。

進め方

全員が輪になり、ひとりひとつずつお手玉を持ちます。1小節ごとに、【1回、右どなりの人にお手玉を渡す】を4回→【1回、左どなりの人にお手玉を渡す】を4回→【1回、お手玉を軽く投げてキャッチする】を2回くり返します。

1 ♪きしゃきしゃ ポッポ ポッポ
　　シュッポ シュッポ シュッポッポ

（【右どなりの人にお手玉を渡す】を4回）

2 ♪ぼくらを のせて シュッポ
　　シュッポ シュッポッポ

（【左どなりの人にお手玉を渡す】を4回）

3 ♪スピード スピード まどの そと

（【お手玉を軽く投げてキャッチする】を2回）

4 ♪はたけも とぶとぶ いえも とぶ
　　はしれ はしれ はしれ
　　てっきょうだ てっきょうだ
　　たのしいな

（**1**〜**3**の動きをくり返します）

★2番、3番も同様に行います。

最後の【お手玉を軽く投げてキャッチする】の2回の動作は、お手玉を「ひざにあてる」「頭に乗せる」などの動作に替えてもいいでしょう。

リズム体操 17 夏の思い出

作詞：江間章子／作曲：中田喜直

ゆったりしたテンポで、上腕筋や肩のストレッチをします。

進 め 方

1 ♪なつが

（両手の指先を胸の上にあてます）

2 ♪くれば

（手のひらを上にして、両手を前に伸ばします）

3 ♪おもいだす　はるかな　おぜ　とおい　そら

（**1**、**2**の動きを3回くり返します）

4 ♪きりの

（両手の指先を肩にあてます）

5 ♪なかに

（手のひらを上にして、両手を横に伸ばします）

6 ♪うかびくる　やさしいかげ　のの　こみち

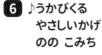

（**4**、**5**の動きを3回くり返します）

7 ♪みずばしょ

（手のひらを外に向けて、手を交差します）

8 ♪うのは

（**7**の状態から、両手を広げます）

9 ♪なが　さいている

（**7**、**8**の動きをくり返します）

10 ♪ゆめみて　さいている

（右手で左の肩を4回たたきます）

11 ♪みずの　ほとり

（左手で右の肩を4回たたきます）

12 ♪しゃくなげいろに　たそがれる

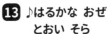

（**1**、**2**の動きをくり返します）

13 ♪はるかな　おぜ　とおい　そら

（弧を描くように、両手を2回大きく動かします）

> **アドバイス**　手を前に出したり横に伸ばす動作は、指先までしっかり伸ばす意識で行うと、より効果的なストレッチになるでしょう。

★2番も同様に行います。

【脳トレ】解答

 P.6「間違い探し①」

❶指をさしていない。 ❷ズボンが長い。 ❸浴衣の帯の形。
❹口が閉じている。 ❺うちわを持っていない。

 P.7「間違い探し②」

❶帽子の形。 ❷灰の量。 ❸犬の表情。
❹花がない。 ❺ちょんまげが長い。 ❻扇子のマーク。

 P.8「間違い探し③」

❶バッグを持っていない。 ❷メガネをかけていない。 ❸リボンの形。
❹千歳飴の袋が短い。 ❺木がない。 ❻屋根の形。 ❼しっぽが短い。

 P.9「2つあるものは?」
問①:21　問②:は

脳トレ5 P.10「食べられるものはどれ?」
れんこん、わたがし、しらす、きゃべつ、つみれ、うどん、かんてん、いとこんにゃく、さらだ、ようかん、たいやき、おくら、さしみ、きんぴら、いか

 P.11「生き物はどれ?」
キツネ、パンダ、ペンギン、ウシ、タヌキ、トビウオ、サイ、カメ、クジャク、カラス、オオワシ、ネコ、ヒョウ、オコゼ、ゾウ、サメ、

 P.12「計算記号は何?」
問①:＋　問②:－　問③:÷　問④:×　問⑤:－　問⑥:÷　問⑦:＋　問⑧:×
問⑨:＋、＋　問⑩:－、－　問⑪:＋、－　問⑫:＋、＋　問⑬:－、－　問⑭:÷、＋
問⑮:×、－　問⑯:÷、×

 P.13「同じ文字あてはめクイズ」
問①:しんぶんし　問②:すきやき　問③:ししまい　問④:かかし　問⑤:ばなな
問⑥:ささのは　問⑦:れんこん　問⑧:とうきょう　問⑨:ぺんぎん　問⑩:かんらんしゃ
問⑪:かいすいよく　問⑫:しんかんせん

脳トレ 9 P.14「クロスワード言葉探し①」
こすもす、さくら、ばら、しくらめん、ひまわり、たんぽぽ、かーねーしょん、ちゅーりっぷ

脳トレ 10 P.15「クロスワード言葉探し②」
ドライヤー、スイハンキ、ステレオ、センタクキ、センプウキ、テレビ、ソウジキ、アイロン、レイゾウコ

脳トレ 11 P.16「マスの足し算」

+	4	9	1	6	3	8	2	7	5
3	7	12	4	9	6	11	5	10	8
1	5	10	2	7	4	9	3	8	6
8	12	17	9	14	11	16	10	15	13
5	9	14	6	11	8	13	7	12	10
9	13	18	10	15	12	17	11	16	14
7	11	16	8	13	10	15	9	14	12
2	6	11	3	8	5	10	4	9	7
4	8	13	5	10	7	12	6	11	9
6	10	15	7	12	9	14	8	13	11

脳トレ 12 P.17「マスの引き算」

−	12	15	18	11	17	10	16	14	13
2	10	13	16	9	15	8	14	12	11
4	8	11	14	7	13	6	12	10	9
7	5	8	11	4	10	3	9	7	6
5	7	10	13	6	12	5	11	9	8
9	3	6	9	2	8	1	7	5	4
1	11	14	17	10	16	9	15	13	12
3	9	12	15	8	14	7	13	11	10
6	6	9	12	5	11	4	10	8	7
8	4	7	10	3	9	2	8	6	5

脳トレ 13 P.18「同じものはどれ?①」

問①：

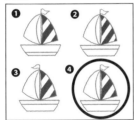

❶船体の横線の位置が違う。
❷帆の模様が違う。
❸旗の向きが違う。
❹正解。

問②：

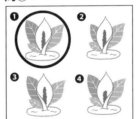

❶ 正解。
❷ 左の葉が小さい。
❸ 花のような部分（実際には花ではない）の下の巻き方が逆。
❹ 中心の芯の部分が小さい。

脳トレ 14 P.19「同じものはどれ?②」

問①：

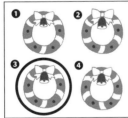

❶鈴が小さい。
❷上のリボンが大きい。
❸正解。
❹リースに巻いているリボンの巻き方が逆。

問②：

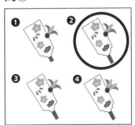

❶持つ部分が短い。
❷正解。
❸細くなる部分の形が違う。
❹球の羽が4枚。

脳トレ 15 P.20「合計いくら?」
問①：270円　問②：255円　問③：707円
問④：568円　問⑤：139円　問⑥：362円
問⑦：457円　問⑧：1,115円
問⑨：380円　問⑩：1,077円

脳トレ 16 P.21「何時何分になる?」
問①：4時25分　問②：6時55分
問③：3時50分　問④：8時35分
問⑤：11時45分　問⑥：1時58分

P.22「迷路①」

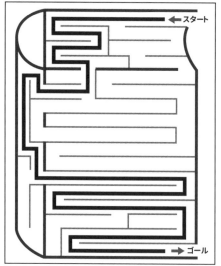

P.23「迷路②」　※「脳トレ 19」は次ページ→

20 P.25「ことわざを作ろう」
問①：馬　問②：腕　問③：石　問④：盆
問⑤：三　問⑥：鯛　問⑦：種　問⑧：先
問⑨：鉄　問⑩：茶　問⑪：鱗　問⑫：山

21 P.26「何と読む?」
問①：あさり　問②：くじゃく
問③：しんこきゅう　問④：すいみんぐ
問⑤：とうもろこし　問⑥：てんきよほう
問⑦：きんめだる　問⑧：ごちそう
問⑨：こうのとり　問⑩：けいたいでんわ
問⑪：ごじゅうのとう　問⑫：でいさあびす

22 P.27「形はいくつ?」
問①：6個　問②：7個

※ **23**～**25** には解答はありません。

26 P.31「卵から生まれるものは?」
カモメ、ヘビ、カラス、カメ、クジャク、ペンギン、アヒル

 P.32「線つなぎ①」

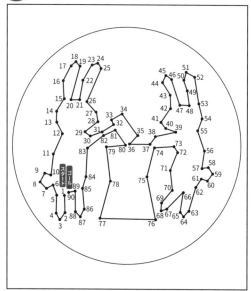

月でうさぎが餅つきをしているイラスト

 P.33「線つなぎ②」

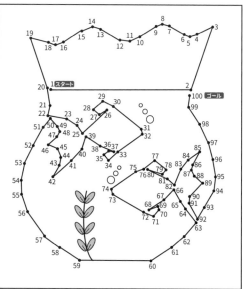

金魚鉢の金魚のイラスト

19 P.24「迷路③」

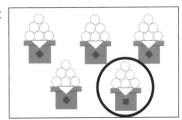 **29** P.34「仲間はずれはどれ？①」
問①：

台の中心の四角の向きが違う。

問②：

サドルの位置が高い。

 30 P.35「仲間はずれはどれ？②」
問①：

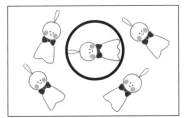

てるてる坊主の下のひだの数が多い。

問②：

花瓶がやや細い。

 31 P.36
「足し算で浮き出る塗り絵」

湖に移る逆さ富士や木、雲などのイラスト

32 P.37
「引き算で浮き出る塗り絵」

かき氷とスプーンのイラスト

 33 P.38「残るのはどれ？①」
じゃがいも

34 P.39「残るのはどれ？②」
ギター

35 P.40「魚へんの漢字」
問①：鯵　問②：鯖　問③：鮑　問④：鰹　問⑤：鮪　問⑥：鮎　問⑦：鯨　問⑧：鮭
問⑨：鰻　問⑩：鱈　問⑪：鰆　問⑫：鰤

36 P.41「半濁音のつくものは？」
ピーナツ、ヘリコプター、ポット、パイナップル、プリン、パンダ、ペンキ

●編著者

井上 明美（いのうえ あけみ）

国立音楽大学教育音楽学科卒業。卒業後は、(株)ベネッセコーポレーション勤務。教育教材、音楽教材などの企画制作に携わる。退職後は、制作会社アディインターナショナルを設立。同社代表取締役。幼児から高齢者まで幅広い年齢層の教材、テキスト、実用書などの制作や執筆を行う傍ら、保育現場、介護現場で実践できる作品制作や、ゲーム、レクリエーション、音楽リズムを用いたリトミックや、身体機能向上のためのプログラム、癒しのためのプログラムなどを考案する。著書に『すぐ使える！脳トレ・レク・リズム体操』『子どもがときめく人気曲＆どうようでリトミック』『たっぷり！保育の手あそび・歌あそび』（いずれも、自由現代社発行）などがある。

●情報提供

(株)大協　通所介護事業所 ゆうらく1、2、3番館

有馬良幸　塚本美晴　北林里美　清水エツ　塚本 正　加藤ひろみ　油井健登　宮倉和則　大谷幸代

●有馬 良幸
(株)大協 代表取締役。通所介護事業所、サービス付き高齢者住宅を運営。利用者の方々に精一杯の支援をするべく、利用者に対しての対応の仕方、支援技術、防災訓練等、職員が毎月研修会を開き、情報交換をし、利用者に対しての見識を高めている。

●塚本 美晴
介護支援専門員。栄養士として1985年より老人専門病院に勤務後、2007年に(株)大協に入社。通所介護事業所・訪問介護事業所・居宅介護事業所・サービス付き高齢者向け住宅などの開設に携わる。利用者の笑顔と楽しい時間を共有し、ご家族と共にお手伝いを続けたいと願っている。

●北林 里美
社会福祉主事任用資格。医療系専門学校を卒業後、介護保険老人保健施設に勤務。その後、在宅介護支援センターの相談員を経験後、現在のデイサービスに勤務。手作りをモットーに、毎日のレクリエーションを充実できるように試行錯誤を重ねている。

●清水 エツ
サービス介護士2級、ヘルパー2級、レクリエーション介護士2級、介護予防健康アドバイザー。
特別養護老人ホームに勤務後、2013年より現在のデイサービスに勤務。レクリエーション、壁紙創作、入浴介助、送迎などの業務に携わる。

●編集協力

アディインターナショナル／大門久美子、 高橋典子

●イラスト

クボトモコ
女子美術短期大学卒業。2004年よりイラストレーターとして活動開始。
健康的で明るく清潔感のあるイラストを得意とする。刺繍作品も制作。

デイサービス、介護現場で　すぐ使える！脳トレ・制作・リズム体操　定価（本体1500円＋税）

編著者	井上明美（いのうえあけみ）
イラスト	クボトモコ
表紙デザイン	オングラフィクス
発行日	2018年12月30日　第1刷発行 2019年9月30日　第2刷発行
編集人	真崎利夫
発行人	竹村欣治
発売元	株式会社自由現代社 〒171-0033　東京都豊島区高田 3-10-10-5F TEL03-5291-6221/FAX03-5291-2886 振替口座　00110-5-45925
ホームページ	http://www.j-gendai.co.jp

皆様へのお願い
楽譜や歌詞・音楽書などの出版物を権利者に無断で複製（コピー）することは、著作権の侵害（私的利用など特別な場合を除く）にあたり、著作権法により罰せられます。また、出版物からの不法なコピーが行なわれますと、出版社は正常な出版活動が困難となり、ついには皆様方が必要とされるものも出版できなくなります。音楽出版社と日本音楽著作権協会（JASRAC）は、著作権の権利を守り、なおいっそう優れた作品の出版普及に全力をあげて努力してまいります。
どうか不法コピーの防止に、皆様方のご協力をお願い申し上げます。

株式会社自由現代社
一般社団法人 日本音楽著作権協会
（JASRAC）

JASRACの承認に依り許諾証紙張付免除

JASRAC　出1813394-902
（許諾番号の対象は、当該出版物中、当協会が許諾することのできる出版物に限られます。）

ISBN978-4-7982-2292-9

●本書で使用した楽曲は、内容・主旨に合わせたアレンジによって、原曲と異なる又は省略されている箇所がある場合がございます。予めご了承ください。
●無断転載、複製は固くお断りします。●万一、乱丁・落丁の際はお取り替え致します。